한국사회 최고의 기회

-네트워크 마케팅의 진실과 비전-

한국사회 최고의 기회

초판 1쇄 발행 2007년 5월 18일
재판 12쇄 발행 2025년 4월 30일

지 은 이   김태수
펴 낸 이   여상호
펴 낸 곳   엔타임
디 자 인   design BREATH

주   소   경기도 성남시 수정구 위례광장로12, 601-303
전   화   031-735-9016
팩   스   031-742-1618
출판등록   제 16-3429호

copyright©2007 by n-time
ISBN 978-89-91424-21-0 03320

책값은 뒤표지에 있습니다.
잘못 만들어진 책은 구입하신 곳에서 교환해 드립니다.

저작권법에 의해 보호를 받는 저작물이므로 당 출판사의 허락 없이 무단 전제, 복제, 전자출판 등을 금합니다.

네트워크 마케팅의 진실과 비전

한국사회 최고의 기회

법학박사 **김태수** 지음

엔타임

CONTENTS

서문	06
유통의 흐름	10
미국 유통의 흐름 ｜ 프로슈머와 프로슈밍 ｜ 소비가 수입이 되는 이상한 현상	
일본 유통의 흐름 ｜ 우리나라 유통의 흐름	
잘못 뿌려진 씨앗	24
환골탈태	28
클린턴 대통령의 연두교시	31
법으로 본 네트워크 마케팅	35
네트워크 마케팅, 다단계판매, 불법 피라미드 비교	38
GS홈쇼핑이 '다단계판매업'으로 사업목적 변경한 이유는?	43
네트워크 마케팅의 비전	46

서문

변화의 속도가 과거에 비해 매우 빨라졌다. 앞으로 그 속도는 지금보다 더 빨라질 것이라는데 이견을 가진 사람은 없을 것이다. 이제는 변화에 얼마나 빨리 적응을 잘 하는지가 성공의 주요한 요소가 된 것이다. 아니 변화를 미리 예측하고 그 변화를 준비하는 자가 성공하는 세상이 된 것이다.

1920년대 미국의 하버드 경영대학원의 던킨 교수가 처음으로 그 이론을 정립한 다단계판매(Multi-Level Marketing)가 변화·발전하여 이제는 네트워크 마케팅(Network Marketing)으로 진화하기에 이르렀다. 우리나라에도 네트워크 마케팅 사업에 대한 인지도가 긍정적이든 부정적이든 매우 높게 나타나고 있다. 하지만 합법적이고 합리적인 네트워크 마케팅과 불법적이고 비합리적인 피라미드 사기에 대한 구분을 제대로 하지 못하고 있는 사람들이 많이 있다. 이에 필자는 이 책에서 네트워크 마케팅에 관한 사실들에 대해 정확하게 짚어볼 것은 짚어보고 또 확인해야 할 것은 확인하고자 한다. 그리고 그에 대한 검증절차를 밟아야 할 시점이기도 하다.

우리나라에서 네트워크 마케팅에 대해 부정적인 이미지가 강한 것은 '양의 탈을 쓴 늑대' 즉 불법적인 피라미드 사기를 구사하는 회사에 의해 처음으로 도입되었기 때문이다. 80년대 초반 40~85%의 이익률 소위, '돈 넣고 돈 먹기'식의 피라미드 사기 판매를 시작으로 80년대 후반 일본계 회사와 연계된 조직에 의한 엄청난 피해사례가 다단계판매와 네트워크 마케팅에 대한 부정적인 이미지를 강하게 심어 놓는 역할을 하게 되었다.

그 후 90년 초반 미국계 정통 네트워크 마케팅 회사가 우리나라에 상륙하여 사업을 진행하면서 이를 규제하는 법률이 생기게 되었다. 그 후 다국적 네트워크 마케팅 회사들이 속속 우리나라에 상륙하였고, 여기에 건전하고 비전 있는 유망한 국내 기업들이 동참하게 되었다.

새로운 유통방식이 도입된 지 30여년이 되어가지만 아직도 네트워크 마케팅과 다단계판매, 그리고 불법적인 피라미드 판매방식에 대한 명확한 구분을 많은 국민들은 하지 못하고 있다. 심지어는 이 유통에 참여하고 있는 사람들조차도 명확한 구분을 하지 못하는 경우를 필자는 보았다. 그래서 그에 대한 명확한 개념에 대해 정리하는 것을 이 책의 첫 번째 목적으로 하였다.

두 번째는 이 새로운 유통방식이 개인의 사업으로써 가치가 있는 것인지, 그리고 시대의 흐름과 맞는 것인지에 대해서 살펴보도록 하겠다. 필자는 법학자이다. 대개 법학자는 보수적이라고들 한다. 그 보수적인 법학자의 시각에서 봤을 때, 이 유통방식이 정당한 사업인지에 대한 부분도 짚어보도록 하겠다.

그리고 마지막으로 이 유통방식이 한국사회 최고의 기회라고 할 수 있을 만큼의 가치가 있는지, 즉 그 비전에 대해서도 살펴보도록 하겠다.

대부분의 네트워커들과 마찬가지로 필자도 누군가로부터 정보를 전달받아서 이 사업을 알게 되었다. 다행스러운 것은 보통 사람들과는 조금 다른 측면에서 만났기 때문에 일반적으로 많은 사람들이 가지고 있는 선입견을 배제하고 만날 수가 있었다. 선입견을 가지지 않고 만났기 때문에 오히려 정확하게 이 사업을 볼 수 있는 기회를 가질 수가 있었던 것이다.

한국 사회에서 지금 진행되고 있는 네트워크 마케팅 사업이 앞에서 잠깐 언급했듯이 상당히 많은 오해의 소지와 좋지 못한 선입견을 가질 수밖에 없었던 환경적인 요인이 있었던 것은 분명한 사실이다. 그것은 어떤 의미에서는 엄연한 역사적 사실이기에 그대로 받아들일 필요가 있다. 일단 있는 그대로 받아들이고 난 후 체계적으로 정리할 필요가 있는 것 같다.

이 책이 유통의 한 분야로 당당히 자리 잡고 있는 네트워크 마케팅이라는 사업이 모든 오해의 소지에서 벗어나 있는 그대로 모든 사람들에게 인식되는데 조그마한 보탬이라도 되기를 바란다.

효산 김태수

유통의 흐름

　네트워크 마케팅은 유통의 한 분야이다. 따라서 이에 대한 올바른 이해를 위해서는 우선 유통에 대해서 살펴보아야 할 것이다. 필자는 신유통법을 전공한 법학자로서 네트워크 마케팅이라는 새로운 유통방식에 대해 많은 관심을 가졌기에 그만큼 많이 연구를 하게 되었다. 이 사업은 유통과 관련된 부분이기에 이 책을 읽고 있는 당신이 네트워커이거나 이 사업에 관심을 가지고 있는 사람이라면 유통에 대한 지식을 가져할 것이다.

　유통이란 '상품이나 서비스가 생산자에서 소비자에게 전달되는 과정'이라고 정의할 수 있을 것이다. 유통의 역사는 시장경제원리의 출발점이었던 물물교환의 시대에서부터 출발한다. 그 후 기업화, 산업화, 자본화되는 과정이 있었다. 그런 속에서 다양한 유통방식이 생겨나게 된 것이다.
　지금 우리나라에서 진행되고 있는 많은 유통방식들 중에 우리나라에서 독창적으로 생겨난 유통방식은 거의 없다. 지금 유통의 주류인 할인마트, 백화점, 슈퍼마켓, 프랜차이즈(체인점),

TV홈쇼핑, 모바일쇼핑 등은 우리나라에서 독창적으로 생겨난 것이 아니라 우리보다 앞서 간 선진국의 유통방식을 따르고 있는 것이다.

현재 세계 최고의 경제대국은 어디일까? 미국이라고 답을 해도 이견을 가지는 사람은 없을 것이다. 그 뒤를 일본이 잇고 있다고 해도 마찬가지일 것이다. 세계 2차 대전에서 패배한 일본의 경제모델은 미국이었고, 우리나라 경제발전의 모델은 미국과 일본이었다. 결론적으로 보면 일본은 미국을 닮아가고 우리나라는 미국과 일본의 경제모델을 닮아가는 것이다. 그 중에서도 가까이 하기엔 너무 먼 일본을 더 많이 닮아가고 있는 것이 우리나라의 현실이다. 물론 동의하고 싶지 않은 분도 계시겠지만 엄연한 사실이다.

〈 한국, 일본, 미국의 유통 트렌드 〉

	1950년대	1960년대	1970년대	1980년대	1990년대	2000년대
미국	슈퍼마켓	백화점 프랜차이즈 (체인점)	창고형 할인마트	홈쇼핑 다단계판매 네트워크마케팅		
일본		슈퍼마켓	백화점 프랜차이즈 (체인점)	창고형 할인마트	홈쇼핑 다단계판매 네트워크마케팅	
한국			슈퍼마켓	백화점 프랜차이즈 (체인점) 다단계판매(변종)	창고형 할인마트 다단계 불법 / 다단계 합법	홈쇼핑 인터넷쇼핑 다단계판매(성장) 네트워크마케팅(발전)

미국 유통의 흐름

경제체계가 산업화·자본화 되면서 미국의 유통산업이 현대적 유통으로 체계화된 것은 1950년대였다. 1950년대 미국의 유통산업으로 사업투자의 기회를 이끌었던 분야는 슈퍼마켓이었다. 1950년대 유통분야에서 미국의 백만장자를 배출시킨 것도 슈퍼마켓이었다. 오늘날 미국의 기업들이 세계적인 유통 자본을 형성하게 된 기반을 마련해 준 것도 슈퍼마켓이었던 것이다. 50년대를 지나 60년대로 접어들면서 미국 유통시장 흐름상 사업투자의 주도권은 백화점과 프랜차이즈로 넘어가게 된다. 그렇다면 60년대 미국 유통업계의 백만장자는 어디에서 배출되었을까? 당신이 짐작하는 것이 맞다. 백화점과 프랜차이즈 업계에서 새로운 백만장자들이 배출되었다.

그런데 70년대로 접어들면서 미국의 유통산업의 투자주도권은 창고형 할인마트로 넘어가기 시작한다. 물론 창고형 할인마트는 그 전에도 있었고, 그 후로도 계속 생겨났다. 미국 할인마트 기업들의 규모는 대단하다. 빌 게이츠의 마이크로소프트사보다 매출이 많은 곳이 월마트이다. 그런데 그 월마트가 전 세계적으로 유일하게 손들고 나간 나라가 대한민국이다. 또한 유럽 할인점유통의 자존심이라는 프랑스계 다국적기업 까르푸마저도 손들고 나간 나라가 대한민국이다. 그런 의미에서 볼 때 할인점 유통방식에서 세계 최고의 기업들을 이 땅에서는 우리

대한민국이 이겼다는 자부심을 가져도 될 것이다.

80년대에 들어와서도 슈퍼마켓이나 백화점, 프랜차이즈, 할인점 등은 여전히 성장하고 있었다. 하지만 정보화 시대를 맞이하여 유통정보가 공개되었고, 이에 현명해진 소비자들에 의해 직거래유통이 급부상하게 되었다. 이러한 직거래 유통은 TV홈쇼핑, 카다로그 판매, 통신판매, 방문판매, 다단계판매 등이 주도하게 되었다. 그 중에서도 우리가 주목해야 할 것은 다단계판매였다.

1979년, 이 분야의 대표기업인 암웨이사가 불법적인 유통방식이라고 미연방통상위원회(FTC:Federal Trade Commission)에 제소되었다. 하지만 FTC는 '경쟁이 심한 시장에 도전하는 새로운 경쟁자세일 뿐'이라고 결론 짓고 암웨이사의 판매방식 즉 다단계판매를 합법적인 유통방식으로 인정하였다. 그 후 다단계판매가 네트워크 마케팅으로 발전을 거듭하며 직거래유통의 주류로 떠오르는 계기가 되었던 것이다.

프로슈머와 프로슈밍

네트워크 마케팅은 90년대로 넘어오면서 급성장하며 글로벌화 되기 시작한다. 80년대 후반부터 미국사회에서의 네트워크 마케팅은 새로운 유통방식이 아니라 일반적이고 상식적인 유통방법이 되어버린 것이다.

70년대 후반부터 이런 현상들을 예의주시하는 한 명의 미래학자가 있었다. 그는 『미래의 충격(Future's Shock)』이라는 책으로 세계적인 미래학자로 자리매김을 한 앨빈 토플러였다. 1980년에 출판된 그의 저서 『제 3의 물결(The Third Wave)』에서 인류가 유목생활에서 정착생활로 바꾸는 계기를 마련한 농업혁명을 '제1의 물결'이라 하였으며, 산업혁명을 포함하는 기술혁명을 '제2의 물결'이라고 하였다. 그리고 개인용 컴퓨터가 보급되면서 시작된 정보화 사회를 '제3의 물결'이라고 표현하였다.

그는 정보화 사회는 프로슈머(Prosumer)의 시대가 될 것이라고 예견하였는데, 프로슈머(Prosumer)는 생산자(Producer)와 소비자(Consumer)의 합성어로 제2의 물결 사회(산업사회)의 가장 큰 특징 중 하나인 생산자와 소비자 간의 엄격한 분화가 해체되고 소비자의 역할이 커진다는 의미로 해석된다. 지금 돌이켜 보면 그의 예견은 적중했다. 현재 나타날 상황을 정확히 예견했다고 할만하다.

또한 앨빈 토플러는 2006년 발간된 『부의 미래』에서 '프로슈밍(Prosuming)'이 혁명적 부의 중심에 존재한다고 밝혔다. 프로슈머의 경제는 상상을 초월하고, 가장 긴요한 것들이 프로슈머에 의해 생산된다고 말했다. 또한 미래경제는 프로슈머 경제 없이는 단 10분도 존립이 불가능할 정도이며 '부의 미래'를 제대로 예측하려면 프로슈머들의 활동을 살펴야 한다고 강조한다. 그 프로슈밍의 중심에 네트워크 마케팅이 있는 것이다.

기존의 백화점, 프랜차이즈 본점, 할인점 등은 자본이 많이 드는 분야이기에 개인이 참여한다는 것은 쉽지 않다. 그래서 유통의 중심은 개인이 아니라 기업이었던 것이다. 그런데 한 가지 재미있는 사실은 투자는 기업이 했지만 소비자인 개인이 유통에 참여함으로써 기업이 돈을 벌 수 있었다는 것이다. 결국 소비자인 개인의 참여 없이는 유통기업은 돈을 벌 수 없다는 것이다.

소비가 수입이 되는 기이한 현상

기존의 유통에서 소비자의 소비는 말 그대로 소비였다. 예를 들어 100만 원 상당의 노트북컴퓨터를 가까운 마트에서 선착순 10명에게 3만 원에 판다고 광고를 했다고 하자. 그러면 많은 사람들이 서로 구입하려고 할 것이고, 먼저 간 10명만이 3만 원을 주고 구입을 하게 되었다면, 그렇게 해서 그것을 구입한 사람은 돈을 번 것일까? 결코 그렇지 않다. 그 사람은 97만 원이라는 돈을 번 것이 아니라 호주머니에서 3만 원이 나갔을 뿐이다. 결론적으로 집에 아직 좀 더 사용해도 될 만한 컴퓨터가 있는데

도 불구하고 싸게 살 수 있다는 이유로 지출하지 않아도 되는 돈을 쓴 꼴이 된다.

그런 현상을 두고 로버트 기요사키는 자신의 저서 『부자아빠 가난한 아빠』에서 '가난한 사람은 앞의 예처럼 돈을 번다는 생각에 돈을 쓰고 다닌다'고 했다. 그렇게 쓴 3만 원은 바로 유통업자들 손으로 들어간다.

유통업자들이 '원 플러스 원'이나 '바겐세일' 이벤트를 할 때, 자기들 돈을 쓰는 것이 아니다. 결국 허리띠를 졸라매는 것은 납품업자들이다. 납품업자들에게 '원 플러스 원'과 같은 이벤트 참여를 종용하고, 유통업자들은 전단광고를 통해서 매출을 올리는 것이다. 결국 돈을 쓰는 것은 소비자들이다. 그래서 유통에서 유통공급자 쪽을 생산자 즉 프로듀서(Producer)라고 하고, 소비하는 소비자를 컨슈머(Consumer)라 한다. 일반적인 상식에서는 프로듀서(Producer)가 아무리 바겐세일을 한다고 해도 거래가 이루어지면 돈은 컨슈머(Consumer) 지갑에서 빠져 나가는 것이다. 결국 생산자(유통공급자)는 돈을 벌게 되어 있고, 아무리 싸게 구입하더라도 소비자는 돈을 쓰는 것이다.

그런데 앨빈 토플러 눈에 이상한 현상이 포착되었다. 네트워크 마케팅이라는 시스템을 보니 소비자가 프로듀서(Producer)로서 유통에 참여하더라는 것이다. 그 동안은 소비자가 소비를 하면 지출로 끝났는데 소비자가 직접 유통에 참여하면서 유통을 통한 소득을 가져가는 유통생산자가 되어버리는 것이다. 소비를 통해 자기 지갑에서 빠져 나간 돈이 다시 일정한 룰(보상 플랜)에 따라 본인에게로 되돌아오더라는 것이다. 즉 나로부터 시작한 네트워크 마케팅 조직의 전체 매출을 근거로 캐시백이 되어 소비자의 주머니로 캐시백이 되는 현상이 발생한 것이다. 바로 이런 소비를 하는 소비자를 앨빈 토플러는 현명한 소비자라고 이야기 한다. 현명한 소비자가 생산자 위치에서 유통공급에 관여 하는 것을 포착한 것이다. 그래서 그의 저서『제 3의물결』에서 이야기한 프로슈머(Prosumer)라는 제3의 세력이 생긴 것이다.

이 현상이 얼마나 충격적이었던지 앨빈 토플러는 무려 이와 관련한 내용에 대해 30여 페이지에 걸쳐서 이야기하고 있다. 앞으로는 소비자들이 현명해져서 유통과 생산에 직접 참여해 소득을 재창출해가는 그런 거대한 물결이 밀려온다는 것이다. 즉 거대한 네트워크 마케팅의 물결을 이야기하고 있는 것이다. 그의 최근 저서인『부의 미래(Revolutionary Wealth)』에서는 이를 '혁명적인 변화가 발생하여 강력하면서도 역사적으로 전례 없는 새로운 부의 창출 시스템이 창조되고 있다'고 강조한다.

일본 유통의 흐름

일본의 유통산업 흐름을 역사적으로 살펴보면 미국을 그대로 따라가고 있다는 것을 알 수 있다. 10년의 차이를 두고서 일본은 미국으로부터 그들의 유통산업을 배우고 받아들이기 시작했다. 말 그대로 벤치마킹을 한 것이다.

1960년대 일본의 유통분야에서 백만장자의 대열에 든 사람들은 미국의 유통 흐름을 잘 읽은 사람들이었다. 즉 슈퍼마켓 유통 사업에 투자한 사람들이 1960년대에 일본에서 큰 부를 일구었다.

60년대를 지나 70년대가 되면서 유통사업의 주도권은 백화점과 프랜차이즈로 옮겨갔다. 맥도날드가 일본에 처음 진출했을 때 사람들은 '일본인은 쌀과 생선, 야채를 즐겨먹는 민족이기에 맥도날드는 자리를 잡지 못할 것이다'라는 부정적인 시각이 압도적이었다. 그렇게 남들이 콧방귀를 뀔 때 일본에 최초로 맥도날드를 들여온 후지다 덴은 사전에 미국의 유통산업 흐름에 대해 충분히 검토를 한 사람이었다. 슈퍼마켓 사업에 대한 투자시대가 지나면 백화점과 프랜차이즈 사업에 대한 투자시대가 분명히 올 것인데, 자기는 백화점을 설립할 자본이 없어서 프랜차이즈 사업에 뛰어 든 것이다. 결국 그를 비웃는 수많은 사람들의 생각과는 달리 크게 성공하여 백만장자가 되었다.

1980년대에 일본에서 유통분야에 투자하려면 어느 곳에 투자를 해야 했을까? 미국의 경우를 보면 백화점과 프랜차이즈 투자시대를 지나면 할인마트 시장이 투자의 주도권을 잡게 된다. 일본도 예외는 아니었다. 80년대가 되면서 일본의 유통산업 투자의 흐름은 할인마트로 옮겨가게 된다.

그리고 90년대가 되면서 일본에서도 직거래 유통이 꽃을 피우게 된다. 즉 TV홈쇼핑, 카다로그 판매, 방문판매 그리고 다단계판매, 네트워크 마케팅이 본격적으로 급성장하기 시작했다.

우리나라 유통의 흐름

몇 해 전 일본에서 젊은이들이 몇 명씩 옹기종기 모여 앉아서 손톱에다 그림을 그리고 있는 장면을 보았다. 나는 '별 이상한 장난을 다하고 있구나'라고 생각했다. 아마도 그때 까지만 해도 난 그렇게 새로운 트렌드에 깨어 있지 못했던 모양이다. 그 광경을 보면서 다른 것은 우리나라에 다 들어와도 저런 것은 안 들어 올 것이라 생각했다. 그런데 웬걸? 손톱에 그림 그리는 학과까지 생겨난 것이다. 그게 바로 네일아트였던 것이다.

우리나라 사람들이 유통 사업을 시작하기 전에 견문을 넓히고 선진유통을 통해서 새로운 아이디어를 배우려면 주로 일본, 미국을 둘러본다. 유통의 역사로서 미국, 일본과 우리나라를 비교해봤을 때 미국과는 약 20년, 일본과는 약 10년 정도의 차이를 두고 발전·성장해왔다. 요즘은 그 격차가 많이 좁아졌다. 정보화 사회가 되면서 인터넷에 다양한 정보가 축적되었기 때문에 많이 단축된 것이다.

우리나라 유통의 역사를 살펴보면, 처음에는 3일장, 5일장과 재래 시장형 유통에서 슈퍼마켓 유통 사업이 도입되었다. 대한민국 최초의 슈퍼마켓 유통 사업은 70년대 들어왔다. 70년대 우리나라는 경제개발 5개년 계획에 의해서 근대화 운동이 진행되던 시기였다. 초가집도 없애고, 마을길도 넓히는 등 새마을 운동을 통해서 근대화에 속도가 붙던 때다. 그 당시 산업사회로 가는 과정에 유통의 근대화는 필요 불가결한 요소였으며, 최초의 근대화된 유통인 슈퍼마켓도 이때 등장했다.

당시 집집마다 TV가 있는 시대가 아니었으므로 극장에 영화를 보려고 가면 대한뉴스 시간이 있어서 국정홍보를 했다. 그때 내가 봤던 내용 중에 아직도 기억에 남아있는 장면 중의 하나가 당시 박정희 대통령이 대한민국 최초의 슈퍼마켓 오픈이라며 테이프 커팅식에 참석하는 장면이었다. 그 모습이 70년대에 거부할 수 없었던 새로운 근대적 유통의 흐름을 상징적으로 보여준 것이다.

80년대로 접어들면서 우리도 백화점 유통 사업에 대한 투자

시대로 넘어간다. 롯데백화점, 현대백화점, 신세계백화점 등 국내 유수의 백화점들이 이 시기에 급성장했다. 이 당시 백화점 유통산업은 지방으로까지 확산되어 오늘날 우리나라 백화점 유통의 주류를 이루고 있다. 그리고 프랜차이즈 유통사업도 이때 활성화 되었는데, 맥도날드, 피자헛, 롯데리아, 치킨 체인점 등이 이러한 사업시기와 트렌드를 타고 전국으로 확산되었다.

90년대 초가 되면서 마이카 시대로 접어들며 집집마다 승용차를 가지게 되었고, 수도권 외곽에 들어선 신도시에서 출퇴근하는 중산층이 확대되었다. 바로 그 신도시 중 하나인 일산에 대한민국 최초의 할인마트가 들어섰다. 이를 기점으로 해서 할인마트의 시대가 열렸고 이러한 급성장의 저력으로 세계적인 월마트와 까르푸를 이긴 한국형 할인마트의 저력이 형성되기 시작했다.

그렇다면 여러분께 재미있는 질문을 하나 해보겠다.
혹시 여러분의 가까운 가족 분 중에 약 1,000억 원 정도의 자금을 투자하여 백화점사업이나 할인마트사업에 신규로 진출하고자 한다면 어떻게 하겠는가? 아마 모든 사람들이 말릴 것이다. 그 이유는 무엇일까? 우리가 많은 제품을 백화점과 할인마트를 통해 구매하고 있고 그러한 유통이 급성장한 것은 사실이나 이미 80년대에 진출한 백화점과 90년대에 진출한 할인마트가 지역 상권을 장악하고 있으며, 지금은 이미 형성된 대중소비

유통이 되어버렸기 때문에 이제는 더 이상 신규사업투자의 기회가 아니라는 것이다.

2000년대로 들어오면서 새로운 유통사업의 진출을 위한 기회의 주도권은 TV홈쇼핑, 카다로그 판매, 인터넷홈쇼핑, 모바일쇼핑, 방문판매, 다단계판매, 네트워크 마케팅으로 이어지는 직거래유통으로 넘어가고 있다. 바야흐로 직거래유통이 급성장하며 네트워크 마케팅의 시대가 다가오고 있는 것이다.

그런데 이상한 것은 미국과 일본의 유통역사에서도 살펴보았고 유통의 흐름상으로도 2000년대 들어오면 우리도 분명히 네트워크 마케팅이 유통을 주도하는 세상이 와야 했는데, 과연 지금 네트워크 마케팅 세상이 도래했는가? 답은 '그렇지 않다'이다. 그렇다면 왜 그런가?

이에 대한 대답을 하기 위해서는 역사적인 고찰이 필요하다. 우리가 역사를 공부하는 이유가 무엇일까? 그것은 역사적인 관점을 통해 과거를 정확히 평가하고, 현재를 올바르게 판단하며, 미래를 예측할 수 있는 통찰력을 가질 수 있기 때문일 것이다.

아놀드 토인비는 역사를 '응전과 도전'이라고 했다. E.H.Car는 '역사는 돌아가는 수레바퀴와 같다'고 했다. 그리고 필자가 개인적으로 존경하는 단재 신채호 선생은 『조선상고사』 서문에서 '역사란 아(我)와 비아(非我)의 투쟁이 시간적으로 발전하고 공간적으로 확대되는 심적 활동 상태에 관한 기록'이라고 했다.

우리나라 유통의 역사에서도 아(我)와 비아(非我)의 투쟁이 있었다. 이 투쟁이 시간으로도 심화되고, 공간으로도 확대되는 바람에 역사적인 아픔이 된 것이다. 그 아픔이 치유되는 데는 대가를 지불해야 한다. 그렇다면 과연 우리가 지불해야 할 대가는 무엇일까?

잘못 뿌려진 씨앗

선진국의 예를 보면 국민소득이 약 1만 달러 수준에서 다단계판매가 건전하게 뿌리내려서 네트워크 마케팅으로 발전하게 된다. 봄에 씨를 뿌리고 여름 햇볕을 받아 가을에 추수를 하는 것이 자연의 순리인데, 우리나라에서는 그 씨앗이 봄에 뿌려진 것이 아니라 땅이 꽁꽁 얼어붙은 겨울에 뿌려진 것이다.

'귤이 회수(淮水)를 건너면 탱자가 된다'는 말이 있듯이 원래는 맛있는 귤이었는데 시기와 환경이 아직 성숙되지 않은 시점에 잘못 건너와서 환경에 적응할 수 없어 얼어 죽어버렸거나 변종이 되어 탱자가 되어 버린 것이다. 이러한 탱자를 귤인 줄 알고 먹어본 사람들의 쓴 경험으로 얼룩진 것이 우리나라의 다단계판매와 네트워크 마케팅의 아픈 역사다.

필자가 생각하기로는 우리나라에 다단계판매가 도입되어야 할 시기는 90년대 초·중반 정도라고 생각한다. 그때 제대로 된 씨가 뿌려졌어야 성숙되는 과정을 거쳐서 2000년대에 크게 성장하게 되는데 너무 이른 시기에 씨가 뿌려진 것이다. 그것도 약 10년이나 앞선 80년대 초에 씨앗이 잘못 뿌려졌던 것이다.

네트워크 마케팅의 잘못된 변종씨앗이 서둘러 뿌려지게 된 결정적인 역할을 했던 역사적인 사실은 1981년에 결정된 '88서울 올림픽' 유치가 한 몫을 했다고 생각한다. 혹시 여러분은 하계올림픽을 개최할 수 있는 나라의 국민소득은 얼마 정도 되어야 하는지를 알고 있는가? 올림픽 역사상 우리와 같은 개발도상국에서 세계적인 잔치인 하계올림픽을 개최한 나라는 전무후무하게도 대한민국뿐이었다. 올림픽을 유치할 1981년 당시 우리나라 국민소득수준이 얼마인지를 아는가? 겨우 1,826달러에 불과했다. 어쨌든 한국에서 하계올림픽이 개최된다는 것은 당시 세계를 깜짝 놀라게 할 만한 빅뉴스였다. 사실 그 당시만 해도 KOREA를 모르는 사람들이 부지기수였다.

이러한 88올림픽 유치 붐을 타고 선진국의 새로운 산업들이 대거 한국시장의 문을 두드렸다. 할인마트를 포함한 새로운 유통들도 그때 노크를 했다. 하지만 할인마트를 포함한 새로운 유통이 제대로 도입되려면 국민소득 수준이 따라줘야 한다. 하루 벌어 하루 먹고 사는 소득수준에서 할인마트유통은 의미가 없는 것이다. 그런데 우리나라에서 올림픽이 개최된다고 하니까 세계적인 유통업계에 완전히 비상이 걸린 것이다. 그때 할인마트, TV홈쇼핑, 방문판매, 다단계판매 등 각 업계에서 시장조사를 위해 한국을 방문했다.

그런데 막상 와서 보니까, 이런 유통산업이 정착할 기반이 전

혀 되어 있지 않은 것이다. 할인마트 사업이 되려면 적어도 마이카 시대는 되어야 한다. 그리고 대형 냉장고 등 가전제품이 대형화 되어 있어야 한다.

TV홈쇼핑도 마찬가지였다. 그 당시 우리나라 TV채널은 다섯 개에 불과했다. 다섯 개 채널을 가지고 TV홈쇼핑은 말이 안 되는 것이었다. 더구나 TV도 대부분 흑백이었고, 올림픽 붐을 타고 막 칼라 TV로 교체되던 시절이었다. 결국 TV홈쇼핑도 안 되는 것이었다. 그리고 카다로그 판매도 핵심이 신용카드 무이자 할부인데, 그 당시 신용카드 자체가 거의 없었다.

방문판매의 주력상품은 대부분 기능성 제품으로 이루어져 있었는데, 그 당시 우리나라의 상황은 기능성 제품을 소비할 수 있을 만큼의 소득수준이 되지 않았기 때문에 이들 유통업체들은 한국시장 진출을 보류했던 것이다.
그런데 재미있는 것은 냉장고가 크지 않아도 되고, TV가 흑백이어도 상관없고, 마이카 시대가 아니어도 되는 것이 있었다. 바로 다단계판매였다.

당시 일본, 미국 등지에서 유학을 하였거나 현지 근무를 한 사람들 중에 다단계판매가 앞으로 유망한 사업이라고 판단한 사람들이 있었다. 그들은 올림픽 이후부터 우리나라에도 다단계판매 사업이 본격적으로 활성화될 것이라는 판단 하에 다단계판매의 씨앗을 뿌렸다. 그러한 비전으로 올바르게 싹을 키워 온 사람들도 일부 있었으나, 아직 성숙되지 않은 환경 탓에 그 씨앗이 본 의도와는 달리 '마음 밭'이 잘못된 사람들에 의해 왜곡되어지고 악용되는 피라미드 사기판매로 전락해버렸던 것이다.

환골탈태

여기서 필자가 분명하게 이야기할 수 있는 것은 다단계판매나 네트워크 마케팅도 그에 걸맞는 경제수준이 되어야 정착할 수 있다는 점이다. 그 당시 경제수준으로는 도저히 안 되는데 미리 들어온 것이다. 그리고 변종이 생기기 시작했다. 결국 섣불리 들어온 다단계판매 사업이 오늘날 유통발전에 큰 걸림돌이 되고 말았다.

그 폐해가 극에 달한 것이 1993년도였다. 다단계판매를 빙자한 불법 피라미드 사기판매업자를 단속한 결과, 검찰과 경찰에 단속된 불법업체만 해도 2천여 개가 넘었다. 1993년도 '9시 뉴스' 등 굵직굵직한 시사 프로그램과 각종 언론 방송에서 '불법 다단계판매, 피라미드 사기판매'에 관한 특집을 계속 다루었다. 그 당시 9시 뉴스만 켜면 〈다단계 = 피라미드 = 사기 판매〉, 불법감금, 그리고 결국에는 패가망신으로 이어진다는 뉴스가 연일 쏟아져 나왔고, 그것은 우리 국민들의 뇌리 속에 깊이 각인되었다. 건전한 다단계판매의 씨앗이 뿌려져야 할 1993년도에 변종된 다단계판매의 잘못된 꽃이 피어버린 꼴이 된 것이다.

개나리꽃의 어원이 시도 때도 없이 아무 때나 피기 때문이라고 한다. 씨앗이 뿌려져야 될 바로 그 시점에 변종된 이상한 꽃이 피어버린 것이다. 그 당시, 모습은 화려해 보여도 안으로 들어가 보면 사기판매였던 피라미드가 너무나 극성을 부렸다. 오죽했으면 피라미드를 집중 단속하라는 당시 김영삼 대통령의 특명이 내렸을 정도였겠는가?

90년대 들어와야 할 다단계판매가 약 10여년 앞당겨 들어오다 보니 척박한 땅을 만난 씨앗 꼴이 되었고 결국 변종으로 자랄 수밖에 없었던 것이다. 그래서 사기꾼들 손에 딱 걸려 든 것이다.

대한민국에는 대단한 문화가 하나 있다. 미국에는 합리주의 문화가 있다면, 우리에게는 정(情)문화가 있다. 이 문화에 기가 막히게 맞아 들어가는 유통방식 중의 하나가 다단계판매였던 것이다. "이유는 묻지 말고 너, 나 믿니? 너, 나 믿으면 내 말 들어봐" 이런 식이었다. 뭐가 유통이 되는가는 불문으로 하고 '일단 네가 하니까 나도 한 번 해 볼게'라는 이런 정서가 결합되어, 결국 불법적이고 조잡한 물건들이 유통되면서 피라미드로 완전히 악용된 것이다.

'자라보고 놀란 가슴 솥뚜껑 보고도 놀란다.'라는 말이 있듯이 아직도 우리 국민들의 뇌리 속에는 93년도 당시 '피라미드로 인한 실종사건, 사기사건' 등이 깊게 각인되어 있다. 그렇기 때문에 지금도 가족, 친지, 친구 또는 지인들에게 "내가 네트워크 마케팅 사업을 하는데 시간 좀 내주시겠습니까?"라고 하면 십중팔구 바로 거부감을 나타낼 것이다. 우리에게 아픈 역사가 있었기 때문이다. 우리는 그것을 인정해야 한다.

그러나 2000대에 유통업계는 네트워크 마케팅을 무시할 수는 없을 것이다. 거부한다고 해서 거부되는 것이 아니다. 하나의 거대한 물결로 우리에게 밀려오고 있기 때문이다. 우리도 네트워크 마케팅을 통해 세계시장으로 나아가야 한다. 그런데 아픈 과거가 우리의 발목을 잡고 있다. 피라미드 사기판매로 오해를 받고 있는 것이다.

그러나 유통이 왜곡되고 잘못 전달되었다고 해서 흐름을 막을 수는 없다. 지금 이 물결이 우리의 의지와 상관없이 밀려들고 있는 것이다. 지금은 유통이 모든 산업을 거의 장악하는 시대이다. 그 정도로 유통 자본이 대단한 힘을 발휘하고 있는 것이다. 어떤 이유에서든 그 힘과 엄청난 기회를 놓치는 우를 범해서는 안 될 것이다.

클린턴 대통령의 연두교시

미국의 클린턴 대통령은 경제 대통령이었다. 미국의 경제 침체기에 집권을 해서 미국 경제를 살린 대통령이었다. 그 클린턴 대통령이 '아메리칸 드림을 이룰 수 있고, 국민들을 부자로 만들어 줄 수 있는 아주 효율적이면서 유효한 유통 사업을 하는 여러분들에게 미국정부는 세제혜택을 비롯한 각종 정책을 통해 전폭 지원하겠습니다.'라며 네트워크 마케팅 산업을 지원할 것을 연두교시를 통해 약속했다.

이러한 연두 교시를 한 때가 언제인지를 잘 살펴야 한다.
지금 오바마 대통령은 왜 그런 이야기를 하지 않을까? 그 당시가 어떤 시대였는지를 잘 살펴봐야 한다. 클린턴 대통령이 집권하던 시절은 바로 네트워크 마케팅이 사업적으로 성장하는 시대였다. 그렇기 때문에 대통령까지 나서서 적극적으로 장려한 것이다. 그 당시에 폭발한 저력이 글로벌화 되어서 외국으로 전부 뻗어 나간 것이다. 지금은 네트워크 마케팅 자체가 보편화 되어버렸기 때문에 말하는 자체가 의미가 없어진 것이다.

지금 우리나라의 서점에 가보면 피라미드라고 일반 사람들이 생각하는 네트워크 마케팅 관련 서적들이 경제경영 코너에서 중요하게 다루어지고 있다. 그리고 이것은 사업정보로서의 가치가 크기 때문에 많은 신간이 계속 추가되고 팔리는 것이다.

네트워크 마케팅이나 다단계판매 관련 서적들의 최초 발행일을 보면 미국의 경우 대부분이 80년대에 출판이 되었다. 80년대 네트워크 마케팅에 뛰어든 사람들이 중도에 포기하지 않고 열심히 했다면 많은 돈을 벌었을 가능성이 높다. 그렇지만 지금은 미국의 서점에는 이러한 책들이 많이 팔릴 이유가 없게 되었다. 이제는 돈 주고 사볼 만한 정보가 아니기 때문이다. 그만큼 보편화된 상식이 되었다는 것이다.

일본의 경우도 일본인이 쓴 대부분의 네트워크 마케팅, 다단계판매 관련 서적의 발행일이 90년대로 되어 있다. 이제는 일본의 서점에 가보면 소비자 마케팅에 관련된 책들이 나온다. 현명한 소비자를 위한 책들이 나오고 있는 것이다. 일본은 사업자정보 위주의 시대를 지나가고 있는 것이다.

〈클린턴 대통령의 연두교시 전문〉

미국 경제 성장의 역군이자 아메리칸 드림을 가능케 하는 여러분께 말할 기회를 갖게 돼서 기쁩니다. 여러분은 세계경제운동의 주역입니다. …미국에서는 규칙을 준수하면서 열심히 일하고 자신과 가족에 대한 의무를 기꺼이 지키는 사람들 모두에게 밝은 미래에 대한 기회가 제공됩니다. 저도 그렇게 해서 대통령이 되었으며 그것은 직접 판매가 추구하는 목표이기도 합니다.

여러분 개인의 성공은 경제와 나라를 튼튼히 할 뿐 아니라 다른 이들에게 기회를 제공합니다. 여러분은 세계경제운동의 주역들인 것입니다. 직접판매는 이미 전 세계에서 비약적인 성공을 거둔 바 있습니다. 미국에서는 지난해 700만 명 이상이 이 업계에서 활동했으며, 매주 7만 명이 신규 디스트리뷰터로 새롭게 참가하고 있습니다. 이는 여러분들에게 새로운 기회를 제공해 주며, 여러분들은 이를 통해 새로운 공동체를 만들어가고 있습니다. 직업과 인종, 신념을 초월해서 모두들 이러한 기회를 잡으려 하고 있습니다. 그 중에는 30만 명 이상이 65세가 넘는 노인입니다. 각종 장애인도 50만 명이 넘습니다. 또한 3/4은 여성입니다. 이들은 모두 가족을 부양하고 자녀를 양육하면서도 역경을 헤치면서 전진하고 있는 것입니다. 미국 경제 회생의 주역인 여러분들을 자랑스럽게 생각합니다.

여러분은 미국의 보편적 가치를 전 세계에 전파했습니다. 현재 50개국에서 3,000만 명이 디스트리뷰터로 활동하고 있습니다. 업계의 수년간 성장속도를 본 저는 놀랄 수밖에 없었습니다. …여러분들은 지난 4

년 동안 미국경제를 회생시켰으며 그런 여러분들을 자랑스럽게 생각합니다. 물론 여러분들의 성공에도 도움이 되었죠. 1,000만 개가 넘는 새 일자리가 창출되었으며, 재정적자가 60% 삭감되었습니다. …180만 명이 최저 연금 수혜자에서 벗어났습니다. 아동복지 기금은 40% 증대했으며 지난 3년 간 계속 성장기록을 갱신중입니다. 저는 특히 많은 자영업자가 생긴다는 사실이 자랑스럽습니다. 정부도 최대한 지원할 것이며 백악관도 모든 지원 방안을 강구중입니다.

…하지만 아직도 여러분들에게는 더 많은 기회가 제공되어야 합니다. 여러분의 성공도 그런 기회에서 비롯된 것이기 때문입니다. 그것이야말로 아메리칸 드림입니다. 여러분들께서 사람들에게 꿈을 심어 주고 보다 많은 사람들에게 꿈을 갖게 한 것에 감사드립니다. 여러분의 노고를 치하하며 미국과 여러분들에게 축복이 있기를 기원합니다.

법으로 본 네트워크 마케팅

우리나라에서 네트워크 마케팅이 법제화가 된 것은 2002년 7월 1일 부터이다. 방문판매 등에 관한 법률(법률 제8259호)에서 방문판매, 다단계판매, 그리고 지금 우리가 이야기하고 있는 네트워크 마케팅을 규율하고 관장하고 있다. 대한민국에서 다단계판매가 합법화된 것은 1995년이다. 1995년 이전에는 다단계판매를 규율하는 법이 없었으며 불법적인 피라미드 사기판매로 간주되었었다.

그러나 우리나라도 고도성장을 통해 국민소득 1만 달러를 통과하였던 1994년도에 자유무역으로의 흐름으로 우루과이 라운드에 서명을 하면서 국경 없는 무역시장으로 뛰어들었다. 그 당시 유통 분야를 살펴보면 우리가 피라미드 사기판매라고 구속하고 요란을 떨었던 다단계판매와 네트워크 마케팅이 앞으로 우리와 국경 없는 시장개방을 해야 할 선진국에서는 일반화 되어 있었고 급성장하고 있는 유통방식으로 새로운 유통의 주류로 대두되고 있었던 것이다. 이에 부랴부랴 각 분야의 전문가들의 의견을 모아 검증단계를 거쳐서 다단계판매를 합법화 시킨 것이다. 그렇지만 피라미드 사기판매라고 떠들어대던 주요 언론과 방송사들의 9시 뉴스에서는 다단계판매가 합법화되었다는 사실을 방송에 내보내지 않았다.

우리 유통업계에서도 급성장하는 세계시장에서 뒤떨어지지 않기 위해 어쩔 수 없이 다단계판매를 포함한 네트워크 마케팅 사업을 육성할 수밖에 없었다. 그 후 97년도에 법을 개정하고, 또 99년도에 법을 개정하면서 이제는 법적으로 보호하고, 육성하고, 장려해야 한다는 쪽으로 방향을 잡아 2004년 1월 31일부터 발효된 유통산업발전법(법률 제6959)에서는 이를 신유통으로 명시화하여 법률적으로 지원육성 하도록 법제화하였다.

그렇지만 아직도 많은 사람들이 '자라보고 놀란 가슴 솥뚜껑 보고도 놀란다'는 말이 있듯이 다단계판매, 네트워크 마케팅이라고 하면 피라미드 사기판매라고 생각하는 이들이 많다. 따라서 2002년 7월부터 개정 발효된 방문판매 등에 관한 법률에서는 전면개정이 이루어졌으며, 우리의 경제소득수준에 맞게 다단계판매와 네트워크 마케팅을 개념적으로 구분하였으며, 특히 이들 사업자들의 보호와 만일에 발생할지도 모르는 피해 보상을 위한 보험, 공제계약을 의무화하여 그 안전성을 보장하고 있다.

이제부터는 네트워크 마케팅을 신유통산업으로 발전시켜야 한다. 법만 발전시켜서는 아무 소용이 없다. 어찌 보면 법조계는 가장 보수적인 집단이라 볼 수 있다. 이 보수집단조차도 유통산업발전법을 전면 개정해서 다단계판매, 네트워크 마케팅을 육성하자고 하는데 국민들이 거의 움직이지 않고 있다.

이제는 우리나라도 국민소득 2만 달러를 넘어 3만 달러를 향해 달려가는 시대를 살고 있다. 언제까지나 2천 달러 시대의 아픈 상처만 이야기하며 머물러 있을 수는 없다. 오늘날 자유무역협정(FTA)의 체결로 우리의 시장은 이미 우리만의 시장으로 머물 수가 없는 게 엄연한 현실이다. 우리도 지금 이 상황에서 다단계판매를 넘어 네트워크 마케팅으로 고도성장을 해야 한다. 이를 위해서는 무엇보다도 유통업계의 자정노력과 함께 법제도적인 뒷받침이 필요하다. 변호사의 자격이 없는 자가 변호사 간판을 걸고 영업을 할 수 없듯이 다단계판매, 네트워크 마케팅 회사가 아니면서 이러한 명칭을 함부로 사용할 수 없도록 엄격한 규제와 보호를 포함하는 단행법이 제정되어야할 것이다.

아직도 이러한 법적 미비를 악용하는 사기꾼들에 의해 선의의 사업자들이 피해를 보고 있는 현실은 각계의 전문가들이 모여 이를 위한 준비 작업을 진행하고 있기에 머지않아 바로잡히게 될 것이다.

네트워크 마케팅, 다단계 판매, 불법 피라미드 비교

네트워크 마케팅과 다단계판매, 그리고 불법 피라미드가 서로 어떻게 다른지에 대해 알아봐야 할 필요성을 느낀다.

> 〈 '방문판매 등에 관한 법률' 제2조 5호의 내용 〉
> 5. "다단계판매"라 함은 판매업자가 재화 등을 소비자에게 판매하거나 하위판매원으로 가입하도록 하는 활동을 하면 일정한 이익을 얻을 수 있다고 권유하여 판매원의 가입이 단계적으로 이루어지는 다단계 판매조직을 통하여 재화 등을 판매하는 것을 말한다.

여기에 나오는 판매업자를 영어로 바꾸어보면 세일즈맨(Salesman)이다. 즉 세일즈맨이기 때문에 무엇인가를 팔지 않으면 소득이 나오지 않는다. 자기만 소비해서는 소득이 생기지 않는다는 말이다.

흔히 듣는 우스갯소리로 이런 말이 있다. "다단계판매 1년 이상 한 사람 집에 가서 장롱문을 함부로 열지마라." 이 말이 무슨 뜻이겠는가? 팔다가 다 팔지 못하면 스스로에게라도 팔아야

하는 것이 다단계판매이다. 그래서 다단계판매는 시간이 지나면 지날수록 재고가 쌓이게 되는 것이다. 그렇기 때문에 판매에 자신이 없는 사람은 다단계판매 사업을 하면 돈을 벌기가 어려운 것이다.

〈 다단계판매 개념도 〉

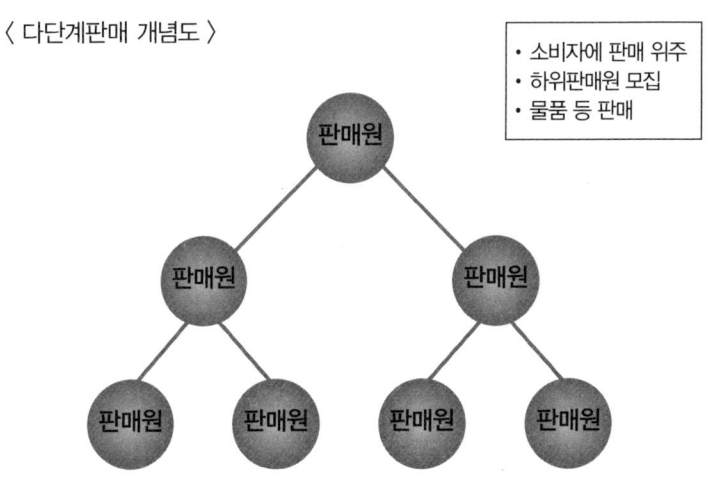

그런데 묘하게도 피라미드 사기판매업자들도 자신들을 다단계판매, 네트워크 마케팅업을 한다고 한다. 사람들이 헷갈리게 된다. 그래서 다단계판매는 피라미드 상술의 다른 이름이고 네트워크 마케팅은 다단계판매의 위장된 또 다른 이름이라고 오해를 한다.

그렇다면 네트워크 마케팅을 무엇이이라고 표현해야 할까? 이러한 입법자의 현실적인 고민으로 '사업권유거래'라는 용어가 나왔다.

〈 '방문판매 등에 관한 법률' 제2조 9호의 내용 〉
9. "사업권유거래"라 함은 사업자가 소득기회를 알선·제공하는 방법으로 거래 상대방을 유인하여 재화 등을 구입하게 하는 거래를 말한다.

네트워크 마케팅 즉 '사업권유거래'의 정의에서 보는 바와 같이 네트워크 마케팅 사업을 하는 사람들을 과연 세일즈맨이라 할 수 있는가? 네트워크 마케팅 사업자를 '인디펜던트 비즈니스 오너(Independent Business Owner)'라고 한다. 즉 독립된 사업가라는 뜻이다. 네트워크 마케팅 사업을 하는 사람들은 고용된 사람들이 아니다. 각자가 독립된 사업자인 것이다. 그래서 이 사업을 하는 사람들은 서로를 사장님이라 부르는 것이다.

IBO의 핵심, 즉 네트워크 마케팅의 핵심은 똑똑한 소비자들이 유통산업에 참여하는데 있다. 굳이 물건을 팔지 않고 자신들이 소비만 해도 소득이 생긴다. 이 사업을 하는 사람들은 물건을 파는 것이 아니라 단지 소비의 패턴만 바꾸어줌으로써 소득의 기회가 생긴다는 것과 이에 대한 정보를 제공해주는 일을 함으로써 사업이 진행된다. 이게 바로 네트워크 마케팅인 것이다.

그런데 분명히 사업 방식을 보면 네트워크 마케팅인데 등록되기로는 다단계판매 회사로 등록되어 있다고 이야기하는 사람도 있다. 그것은 이 사업을 하는 사업자를 보호하기 위한 안전장치를 위한 것이다. 아직까지 우리나라에서는 네트워크 마케팅을 규율하는 단행법이 완비되지 못하고 있기에 〈방문판매등에 관한 법률〉 제34조의 규정에 의한 보험, 공제계약으로 사업자들을 보호해주기 위해서는 네트워크 마케팅사업자라도 다단계판매업 등록을 하고 있는 것이 현 법제도상의 한계이기 때문이다.

〈 네트워크 마케팅 개념도 〉

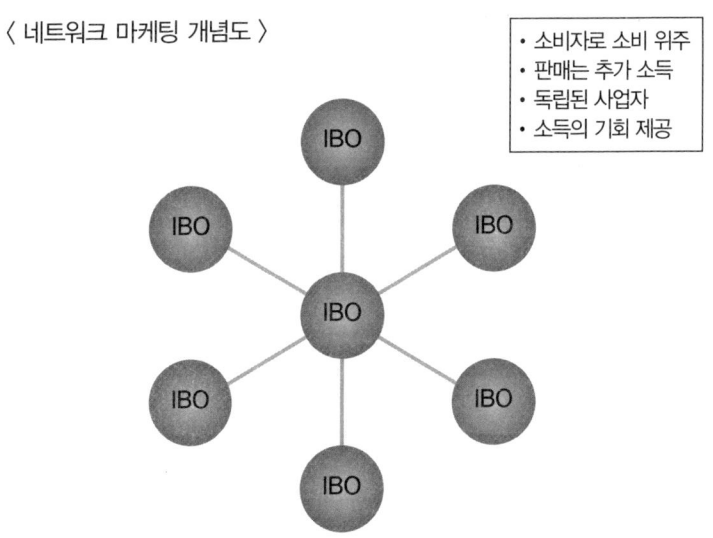

피라미드 사기판매란 다단계판매나 네트워크 마케팅 같은 유통방식을 가장해서 조악하고 저질인 상품을 고가의 폭리로 강매하는 사기판매 또는 정상적인 물품의 거래 없이 사업상의 수익 등을 미끼로 금품을 갈취하는 명백한 불법행위라고 할 수 있다.

여담으로, '상대방을 유인하여 제품을 구매하게 함으로써 사업을 진행한다'라고 하니까 '유인한다'라는 용어를 보고는 보통 사람들은 나쁜 쪽으로 의심을 가진다. 그런데 법률 용어는 일반 용어와는 다소 그 해석에서 차이가 난다. '유인한다'는 말을 영어로 표현하면 '안내한다, 가이드한다(guide)'라는 뜻이다. 또는 '선의, 악의'라는 법률 용어가 나오는데 '악의의 제3자'는 '알고 있는 제3자'란 뜻이고 '선의의 제3자'란 '아무것도 모르고 있는 제3자'란 뜻이다. 즉 법률에서는 '악의'는 알았다는 뜻이고 '선의'는 몰랐다는 뜻이다.

GS홈쇼핑이 "다단계판매업"으로 사업목적 변경한 이유는?

자금, 기업체, 주식 등을 통제하고 관리하는 국가기관이 금융감독원인데, 금융감독원 사이트에 들어가 보면 대한민국 주요 기업들의 공시사항이 다 나온다. 대한민국에서 직거래유통의 선두권을 달리고 있는 TV홈쇼핑과 인터넷홈쇼핑을 운영하는 최대의 유통업체 중의 하나가 GS홈쇼핑이다. GS홈쇼핑은 대한민국의 싱크탱크인 LG경제 연구소가 뒤를 받치고 있으며 앞으로의 유통 비전을 보고 당시 척박하던 시절에 설립한 대한민국 최대의 직거래유통회사다.

금융감독원 전자공시시스템(http://dart.fss.or.kr)에서 '지에스홈쇼핑'을 검색해서 2003년 2월 6일자를 공시사항을 보면, 사업목적 변경에 '19. 다단계판매업'이라고 되어 있다. 결론적으로 국내 최대의 홈쇼핑 업체가 주주총회까지 열어서 다단계판매업으로 사업목적 변경을 한 이유는 무엇일까? 기업이미지 개선을 위해서일까? 아니다. 이것은 앞으로 TV홈쇼핑이나 인터넷홈쇼핑이 다단계판매, 네트워크 마케팅으로 발전하지 않으면 유통의 주도권을 잡을 수 없다는 사실에 근거한 위기의식 때문인 것이다. 거대한 흐름이 밀려오고 있는 것이다.

〈 GS홈쇼핑 기업 공시 〉

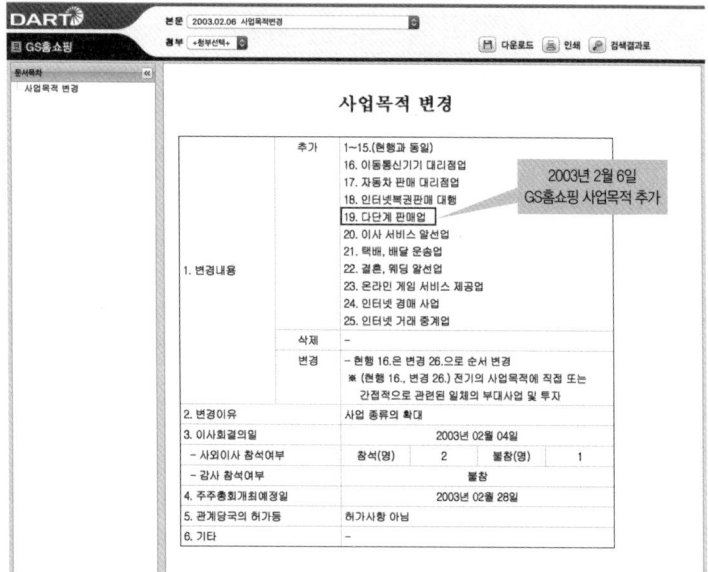

또한 삼성경제연구소를 브레인으로 하는 'CJ홈쇼핑'도 2003년 3월 4일자 공시를 보면 사업목적 변경에 '33. 방문판매업'이라고 되어 있다.

〈 CJ홈쇼핑 기업 공시 〉

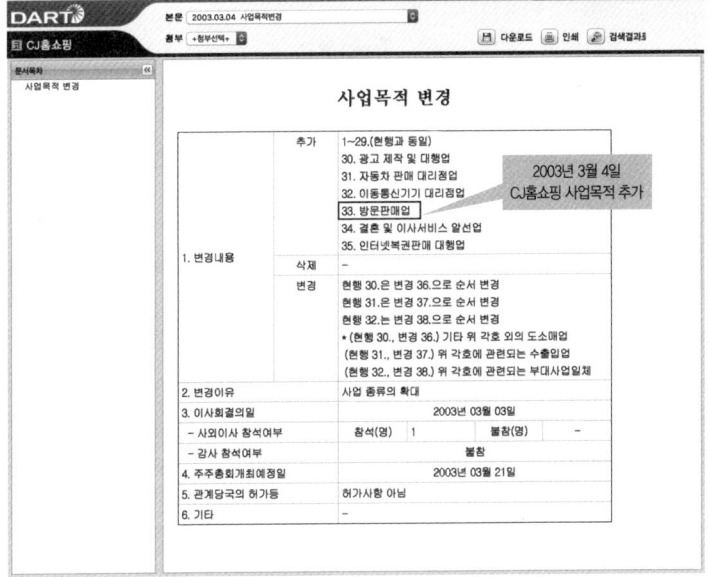

 이러한 대한민국을 대표하는 양대 직거래유통회사가 이사회의 결의를 거쳐 주주총회까지 개최하여 다단계판매업과 보다 포괄적인 방문판매업으로 사업목적을 변경하는 이유는 무엇일까? 거대한 지각변동을 예고하고 있는 것이다. 그 소리가 들리지 않는가?

네트워크 마케팅의 비전

공정거래위원회가 2022년에 발표한 '2021 다단계판매업체 정보공개'에 의하면 우리나라 네트워크 마케팅 시장의 2021년 총 매출액은 약 5조 1,831억원이며, 등록회원수는 약 730만 명에 이른다.

그 동안 이 사업을 통해 성공한 사람들이 많이 배출되었다. 각 분야의 전문가들도 이 사업에 합류하고 있다. 우리 국민 10명 당 1명 이상이 네트워크 마케팅 회사에 등록하여 제품이나 서비스를 이용하고 있는 것이 현실이다.

앞으로 오는 10년이 우리나라 네트워크 마케팅 시장이 가장 크게 성장하는 시기가 될 것이다. 과거에 비해 네트워크 마케팅에 대한 국민들의 인식은 긍정적인 방향으로 개선되었다. 결국 네트워크 마케팅에 대한 편견은 사라질 것이고 이 사업은 일반화될 것이다.

이 사업이 일반화가 된다는 것은 사업의 기회가 축소되거나 소멸된다는 의미이다. 즉, 대부분의 사람들이 이 사업을 하고 있다는 뜻이다. 일반화가 된 후 시작하는 사업가들에게는 생활비 정도의 수입은 가능할지 모르지만 자유로운 미래를 위한 수단이 될 가능성은 희박할 것이다.

미국의 제45대 대통령이자 부동산업계의 신화 도널드 트럼프와 세계적인 백만장자이자 투자가인 로버트 기요사키가 함께 저술하여 세계적인 관심을 모으고 있는 그들의 공동저서 『부자』에서 '부자가 될 것인가, 계속 가난하게 살 것인가? 부자가 될 수 있는 마지막 기회를 잡아라!'고 외치고 있다. 그들은 또한 입을 모아 말한다. 부자가 되는 지름길인 '네트워크 마케팅을 하라'고…

대한민국에서 네트워크 마케팅은 많은 어려움 속에서도 생존해왔고, 이제 급성장의 시기가 도래했다고 확신한다. 그리고 그 기회를 잡는 사람들은 지금 이 순간 이 시장에 확신을 가지고 몸담고 있는 이들이 될 것이다.